DROPSHIPPING

Sommario

DROPSHIPPING 1

CAPITOLO 1 3

  Definizione di Dropshipping 3

CAPITOLO 2 11

  Vantaggi e svantaggi 11

CAPITOLO 3 20

  I casi Italiani 20

CAPITOLO 4 28

  Avviare il Dropshipping 28

CAPITOLO 5 67

  La fiscalità 67

CAPITOLO 6 72

  Il Modello Shopify 72

CAPITOLO 1

Definizione di Dropshipping

Con il termine dropshipping si indica un tipo di commercio online, dove il venditore non possiede un proprio magazzino o comunque non dispone fisicamente degli oggetti o dei beni che vende. La custodia del materiale venduto e quindi anche la sua spedizione è compito di terze persone.

Questo nuovo modello di vendita, permette a tutti di poter vendere beni su internet e quindi di diventare imprenditori autonomi.

L'evoluzione dell' e-commerce è avvenuto soltanto negli ultimi anni, uno sviluppo importante di questo business è visualizzabile, secondo gli studi dal 2017 in avanti.

Ormai esistono sempre più persone che scelgono di fare i propri acquisti su internet, sia per comodità sia per la varietà di scelta che il web offre.

Aprire un e-commerce spesso scoraggia molte persone soprattutto per le diverse fasi che bisogna affrontare, e anche perché non sempre è facile gestire il web. Anche se non si possiede un vero e proprio magazzino o locale dove esporre i propri prodotti, ogni imprenditore deve aprire la partita IVA e dotarsi di creare un vero e proprio negozio online, con le proprie caratteristiche, personalità e soprattutto deve poter contare su una fonte che si occupi dell'immagazzinare beni e inviarli.

Quello del dropshipping, è un modello usato prima di tutto da un grande colosso dell'e-commerce che tutti noi conosciamo: Amazon. Con tale metodo, il concetto del venditore subisce una modifica, quindi, se nei decenni scorsi eravamo abituati a pensare all'imprenditore come negoziante che vendeva il materiale esposto nel suo locale, adesso, con l'ascesa dell'uso del web, il venditore diventa un intermediario tra coloro che sono interessati all'acquisto del bene e tra chi fisicamente lo possiede.

Dobbiamo prestare attenzione però, che un venditore all'interno dell' e-commerce, non ha meno doveri e rischi rispetto ad un altro: la buona riuscita della transazione tra acquirente e terzi è proprio sotto la sua responsabilità.

Una delle cose fondamentali nel web è la visibilità. Sono anche di grande importanza i commenti di feedback sull'esperienza avuta dai clienti nell'acquisto e nella fase della scelta del prodotto. Il cliente deve recepire tale esperienza come un vero e proprio momento di shopping, che provochi quelle sensazioni di soddisfazione e interesse, con la voglia di ripeterlo anche in futuro. La visibilità si potrà avere attraverso diversi strumenti, ad esempio, grazie a messaggi pubblicitari e tecniche di SEO e così via. In base a tutte queste tecniche, ogni azienda costruisce la propria web reputation e un' immagine di successo.

Occorre precisare che non solo il singolo privato può accedere all' e-commerce, aprendo la partita IVA, ma anche chi ha già un'attività avviata può attivarsi in questo senso, e sicuramente i vantaggi sono visibili anche per questa categoria di persone.

Rispetto alla vendita in negozio o nei tradizionali store, i costi di ogni passaggio si abbassano, come si riduce il costo per il mantenimento dei locali e del personale.

Il fatturato delle aziende tende ad aumentare, quando esse arrivano nel mondo del dropshipping. La gestione del magazzino non esiste più e con esso tutte le spese a riguardo. L'efficienza aumenta, ogni impresa può essere cercata dal proprio utente o compratore sempre, a qualunque ora e in qualunque giorno.

Come abbiamo detto, sempre più persone ormai si affidano al web per i propri acquisti, che sono praticamente di tutti i generi.

Perché molti preferiscono l'e-commerce ad un negozio tradizionale?

Si sono susseguiti diversi studi riguardo questo argomento, e i risultati sono stati davvero sorprendenti:

- Le nuove generazioni usano con molta facilità internet, perciò trovano molto più semplice acquistare in un negozio online, piuttosto che cercare uno store che venda i prodotti ai quali sono interessati

- Grazie a molti strumenti e tecniche, gli acquisti sul web vengono resi piacevoli e accattivanti. Le persone sono soddisfatte quando acquistano

- I social network hanno il grosso potere di influenzare le masse

- Ovviamente i prodotti in vendita, oltre ad essere ben pubblicizzati, e come già detto, esposti in maniera accattivante, rendono l'idea di essere utili, sicuri e sempre disponibili sul mercato

Ovviamente, tutte queste sensazioni percepite aumentano la fiducia del cliente nell'acquisto online. Internet e tutto ciò che ruota intorno a questo, offre tanti benefici, ma ovviamente, tutto questo, richiede la capacità e la destrezza nel suo uso e molta pazienza e costanza, oltre alla voglia di mettersi in gioco.

Diventare imprenditori online, può non essere così semplice per tutti. Oltre ad avere una partita IVA, bisogna procurarsi un hosting, e avere almeno una piattaforma di vendita online. Bisogna avere un dominio in base al quale essere rintracciati e conosciuti, attraverso applicazioni o browser. Inoltre, non meno importanti, sono le strategie di marketing, anche se si vende online, i prodotti devono essere utili, appetibili, visibili e riguardare un pubblico più ampio. Abbiamo detto che chiunque può essere imprenditore di sé stesso, e il dropshipping è alla portata di tutti. Anche se non si può fare a meno di citare alcuni rischi del settore.

Eccone elencati alcuni:

- Non sempre i margini di guadagno sono ampi, e questo capita in particolare all'inizio

- Alcuni dropshipper, specialmente nella fase iniziale della propria attività, si affiliano a degli store, e il loro margine di guadagno quindi, a volte, può essere ulteriormente ridotto. Inoltre, se ci si affida a tanti diversi store, può essere non così semplice gestirli tutti

- Bisogna avere un piano B se e quando capitano i disservizi, come ad esempio, i ritardi nelle consegne, dei resi o sull'integrità del materiale

- Bisogna elaborare un business plan solido e coerente con il potenziale e gli obbiettivi prefissati

- Bisogna collaborare, per quel che è possibile, con fornitori affidabili

CAPITOLO 2

Vantaggi e svantaggi

Il dropshipping, quindi, è una modalità abbastanza semplice per coloro che intendono muovere i primi passi nel mondo dell'e-commerce. In quanto rivenditore, infatti, non dovremo occuparci dell'acquisto della merce e della gestione del magazzino.

Quando un cliente acquista un prodotto, il rivenditore acquista a sua volta l'articolo dal proprio fornitore, che lo invierà direttamente al cliente finale per conto del rivenditore.

Il cliente non è a conoscenza dell'avvenuto Dropshipping.

Come è facile intuire, la modalità di dropshipping comporta alcuni vantaggi e svantaggi da parte del rivenditore.

È importante analizzarli prima di buttarsi in tale business online. Una visione più dettagliata del ruolo di questa modalità di vendita online ci consentirà di scegliere la soluzione più adeguata al nostro negozio online.

Vediamo insieme i principali vantaggi del dropshipping.

Per coloro che gestiscono un negozio online, oltre ai processi di spedizione e consegna, anche l'acquisto e lo stoccaggio dell'inventario rientrano nei compiti più faticosi in termini di tempo e costi. In questo momento entra in gioco il dropshipping che offre una soluzione semplificata a coloro che intendono cimentarsi nella vendita di un business online.

Quando si vende in Dropshipping, non è necessario investire in grandi quantità di prodotti per mantenere il proprio inventario, né tanto meno è necessario effettuare pagamenti mensili per affittare un magazzino.

Il rivenditore può concentrarsi totalmente sulla vendita, la promozione e la commercializzazione della propria attività.

Un altro aspetto del dropshipping sono meno rischi ed investimenti in merce.

Non dovendo preoccuparci di gestire e mantenere l'inventario, saremo liberi anche di dover acquistare in anticipo della merce e possibili rimanenze di magazzino. Acquistando i prodotti che i clienti hanno a loro volta acquistato nel nostro shop online, ci assicura un margine di profitto.

Il fatto di non essere legato a un magazzino, ci permette di gestire il nostro negozio online da ogni luogo ed in ogni momento. Ciò che dobbiamo avere è una connessione Internet per gestire il lavoro, un sito performante e gestire la comunicazione con i nostri clienti e i nostri fornitori.

Non dovendo gestire un magazzino e il relativo personale, e non dovendoci occupare di imballaggio e spedizione dei prodotti, i rivenditori che scelgono come soluzione tale business si trovano in una posizione di vantaggio anche sulle tempistiche di lancio del progetto.

È molto più semplice ridimensionare un progetto commerciale di dropshipping, perché buona parte del lavoro aggiuntivo ricade sui fornitori. Se il nostro e-shop funziona, dobbiamo semplicemente ordinare più prodotti. È il fornitore che si occuperà di ritirarlo, imballarlo e spedirlo dal punto A al punto B per il cliente.

Vediamo insieme i principali svantaggi.

Scegliere una soluzione in cui non si abbia il controllo totale della situazione può non essere il modello di business che fa al caso nostro.

Quindi, sarebbe meglio considerare vantaggi e svantaggi del dropshipping nella pianificazione del nostro progetto.

Se intendiamo avviare un e-commerce con modalità dropshipping dovremo passare molto tempo a ricercare e scegliere i prodotti giusti da vendere per competere online. Inoltre, quando non siamo direttamente noi i responsabili dell'inventario è difficile poterne tenere traccia. Avere un negozio non sincronizzato e quindi non attualizzato con gli ultimi aggiornamenti del nostro fornitore, significa che i nostri clienti possono ordinare articoli in realtà già esauriti.

La conseguenza è un lavoro ulteriore di verifica, annullamento degli ordini, oltre ad un colpo alla reputazione e affidabilità del nostro e-commerce.

La spedizione è al di fuori dalla sfera di controllo del rivenditore che si affida al dropshipping. Questo passaggio si basa su fattori esterni: fornitore, luogo in cui si trova il prodotto, luogo in cui si trova il cliente, il peso del prodotto, e così via. Inoltre, se un cliente acquista tre prodotti, a sua insaputa provenienti da tre fornitori diversi, con tre diverse tariffe di spedizione, ci ritroveremo a dover assumere spese di spedizione aggiuntive o a doverle addebitare ai nostri clienti direttamente o nascondendole nel prezzo del prodotto. Questo aspetto può giocare un ruolo fondamentale nel gestire il prezzo degli articoli e influire sul nostro intero business.

A causa delle basse barriere all'entrata e dell'ampia competitività dello shopping online, i rivenditori che scelgono il dropshipping sono spesso costretti a fissare prezzi con margini di guadagno molto bassi. Rispetto a coloro che gestiscono un magazzino, per i rivenditori in dropshipping il costo all'ingrosso è basato su un solo prodotto. Solo dopo aver ottenuto la fiducia dei nostri clienti e aver scalato il mercato, potremo aumentare i prezzi e ottenere man a mano un maggior guadagno economico.

Uno svantaggio generale di questa modalità di

vendita online è l'impossibilità di tenere traccia di diversi processi legati al nostro business, oltre a possibili ed eventuali errori commessi dai fornitori. Per i clienti, noi siamo il contatto diretto e in qualunque eventualità nel processo di acquisto e consegna dobbiamo assumerci la responsabilità di ciò che succede.

Gli errori purtroppo possono accadere, l'importante è avere un piano d'azione per proteggere la nostra reputazione online e non deludere i clienti.

Come tutti gli e-commerce, richiede un ottimo lavoro SEO, in particolare legato al posizionamento sui motori di ricerca, e SEM, in particolare legato alla pubblicità sui motori di ricerca.

Infatti, un cattivo posizionamento sul web può portare vendite ridotte. Sia la SEO che la SEM richiedono budget e dedizione per portare visibilità al nostro sito Internet.

Il nostro negozio online, per avere una maggiore disponibilità di prodotti diversi, può essere collegato a più fornitori di dropshipping.

Questo aspetto molto vantaggioso perchè aumenta le possibilità di vendita, ci espone al rischio che un cliente acquisti articoli che provengono da distributori diversi. Al cliente arriveranno diverse spedizioni e quindi maggiori disagi, mentre per noi i margini saranno ridotti perchè dovremo sopportare doppi costi di spedizione, che non potremo imputare al cliente altrimenti saranno alte le probabilità che rinunci all'ordine.

Gran parte del successo del nostro e-commerce dipende dalla serietà del fornitore. Dal momento che noi siamo il suo unico referente, il cliente ci arrecherà ogni eventuale problema:

- ritardi nella consegna

- articoli danneggiati

- qualità scadente dei prodotti

- imballaggio non altezza

Per tal motivo, come per ogni attività online, soprattutto quando il volume delle vendite aumenta, è comprensibile che possa capitare qualche disagio che dovremo gestire con un ottimo servizio post-vendita.

Nonostante selezioni accuratamente i nostri fornitori per evitare che con il loro comportamento possano rovinare la reputazione del nostro negozio online.

Trattandosi di un tipo di attività in forte crescita, la concorrenza in alcuni settori potrebbe essere così elevata da costringerci a ridurre il prezzo di vendita nel tentativo di aumentare le vendite, con la conseguente riduzione dei margini di profitto.

CAPITOLO 3

I casi Italiani

Nonostante in America il dropshipping sia comparso già dieci anni fa, in Italia è un modello di vendita che è arrivato soltanto da poco.

Sono sempre di più, infatti, coloro i quali decidono di avviarsi nel commercio elettronico senza avere i problemi legati agli investimenti iniziali e della gestione di scorte e magazzino. Ma non propriamente si fanno i soldi così facilmente perché occorre valutare prima di tutto alcuni aspetti legati alla burocrazia oltre che agli strumenti web necessari per avviare l'attività.

Che si apre un e-commerce tutto suo, o che scelga il circuito del dropshipping, dovrà certamente avere una piattaforma di vendita online. Bisogna subito mettere in conto la necessità di avere un hosting, un dominio per essere facilmente riconoscibili e raggiungibili attraverso browser o ancora meglio attraverso applicazioni per dispositivi mobili.

Poi, bisognerà aprire una partita Iva e fare fronte ad alcune necessità fiscali e amministrative oltre che pensare ad una strategia di marketing che serva a far crescere il traffico e rendere i prodotti che si mettono in vendita visibili ad un pubblico ampiamente vasto.

Tra le controindicazioni del dropshipping ci sono i ridotti margini di guadagno, in quanto è chiaro che la maggior parte del denaro deve essere incassato dal fornitore. Inoltre, molti dropshipper sono affiliati con tanti store e questo potrebbe provocare confusione nella gestione di ordini e consegne.

Perciò bisogna avere idee chiare sin dall'inizio, soprattutto per la gestione dei disservizi: problemi con le consegne, resi, sostituzioni e così via. L'intermediario è comunque responsabile della comunicazione tra il fornitore e l'acquirente e deve gestire anche questi aspetti.

Chi decide di avviare un'attività con il metodo del dropshipping deve quindi realizzare un business plan e poi selezionare accuratamente i dropshipper, collaborando soltanto con quelli che sono riconosciuti come affidabili, che diano la possibilità di monitorare consegne e spedizioni, prevedere pratiche di reso semplici, supportare diversi circuiti di pagamenti e non chiedere quote di adesione al programma. Diffidiamo, invece, da quei dropshipper che stabiliscono contatti diretti con la clientela oltrepassando il venditore, o improvvisano affidandosi anche a corrieri di dubbia affidabilità.

Per riconoscere i dropshipper italiani più affidabili, sarebbe buono affidarsi ai feedback che vengono lasciati in rete da coloro che ci hanno già avuto a che fare.

In questo momento, ce ne sono diversi che

godono di ampio rispetto in Italia, ma il consiglio è quello di verificare sempre personalmente, perché non sempre i fornitori riescono a mantenere un alto livello qualitativo nel lungo periodo.

Vediamo insieme quelli più conosciuti.

Bazarissimo è un dropshipper specializzato nell'abbigliamento, tecnologia, ma anche nei prodotti per animali.

B2B Griffati, altro fornitore che lavora nell'ambito dell'abbigliamento firmato.

Essetrade, specializzato in dispositivi hi-tech, telefonia e altri accessori.

Mondo Ink, si occupa di prodotti per la stampa home e per ufficio, cartucce, toner e quant'altro di questo genere.

LedLux, fornitore di prodotti di illuminazione anche di nuova generazione a led.

Dropship4you, è un dropshipper che fornisce

gadget, articoli per feste e articoli da regalo di diverso genere.

NewCart, è una delle più grandi piattaforme di dropshipping in Italia, all'interno della quale si trovano anche alcuni degli store appena citati e tanti altri ancora.

1 Style è una azienda italiana, attiva nella vendita online dal 2016, che dal 2019 permette la vendita in dropshipping di un migliaio di prodotti, soprattutto italiani, nei settori di estetica e bellezza, moda, profumi equivalenti, benessere, casalinghi, prodotti per animali, accessori.

Questa piattaforma collabora con coloro che hanno un proprio e-commerce e vogliano ampliare il proprio catalogo prodotti, mettendo a disposizione i file-catalogo in lingua italiana ed inglese. E' possibile cominciare gratuitamente con account free che permettono uno sconto sull'acquisto del 30%, ma si può anche acquistare un piccolo abbonamento per raggiungere il 40 o 50% di sconto, coloro che vogliano iniziare da zero e vogliano tutto chiavi in mano, attraverso e-shop pronti o personalizzabili secondo le diverse esigenze, con i prodotti caricati della piattaforma e auto aggiornamenti. E' possibile scegliere tra diverse tipologie di e-shop e tra tre pacchetti, con scontistiche sull'acquisto dal 30% al 50%.

Per coloro che cominciamo e vogliano adottare il sistema di vendita in dropshipping prima di regolarizzare la propria posizione fiscale,1 Style prevede la possibilità di una registrazione temporanea.

Questa azienda, punta ad un'offerta qualitativa più che quantitativa dei prodotti in catalogo per il dropshipping.

Propone, in particolare, una propria linea di cosmetica, make up professionale e profumi equivalenti di alta qualità.

Sono inoltre presenti altri brand non

particolarmente conosciuti, proprio per evitare la concorrenza che si verifica su prodotti che si trovano in tutti i marketplace.

1Style prepara i pacchi in 12-24 ore con spedizione tramite corriere espresso GLS e SDA, personalizzazione come mittente del Dropshipper, e consegna sia in Italia che in Europa.

Runner.it si tratta di una famosa azienda di distribuzione informatica. Offre un catalogo ben curato con immagini e schede tecniche. Ideale per coloro che vogliano fare della vendita online di prodotti informatici il proprio business.

MyShopCasa.it offre un catalogo con migliaia di prodotti per la casa come biancheria, tendaggi, copridivani, piumini, lenzuola e così via. Questa merce sarà automaticamente importabile sul nostro sito e potremo metterla a disposizione dei nostri clienti.

AliExpress che è di proprietà di AliBaba,

l'Amazon cinese, è una piattaforma che unisce tantissime piccole imprese produttrici cinesi di qualunque categoria merceologica. Per i prezzi concorrenziali e l'affidabilità del servizio è tra i siti più usati da coloro che fanno dropshipping, con possibilità di filtri avanzati da applicare alla rosa delle varie imprese fornitrici.

Un grande vantaggio per aumentare i margini dei venditori che usano AliExpress come dropshipper c'è la possibilità di acquistare da questa piattaforma sfruttando i siti di cashback.

PixMania.it è invece tra i più forniti per quanto riguarda il materiale fotografico, l'elettronica e l'informatica, con un catalogo che spazia dai piccoli elettrodomestici ai TV Led di ultimissima generazione. Anche su PixMania è possibile per il venditore comprare i prodotti sfruttando il riaccredito del cashback.

CAPITOLO 4

Avviare il Dropshipping

Partiamo dal presupposto che un modello di business in Dropshipping si basa su tre elementi fondamentali o meglio tre persone principali: il dropshipper, il fornitore e il cliente online.

Per prima cosa, è necessario stabilire quale tipo di fornitore faccia al caso nostro e soprattutto se ai nostri utenti occorrerà entrare in contatto con la grande distribuzione o con i piccoli produttori locali.

Quindi, all'interno del mercato di riferimento, cerchiamo di stabilire quali siano i più affidabili ma anche i più convenienti. È con questa selezione che prenderemo contatti e, perché no, anche un appuntamento per conoscerli. È anche possibile spesso richiedere dei campioni, per capire direttamente di quale livello qualitativo si stia parlando.

Per scegliere un fornitore bisogna valutarne diverse caratteristiche, in modo da stabilire se possa o meno fare al caso nostro come il numero di ordini, ovvero, quanti ordini un fornitore ha già portato a termine in passato.

Un fornitore che abbia una buona esperienza è sicuramente preferibile ad uno alle prime armi in termini di affidabilità.

Altro elemento da valutare è il costo del prodotto. Capire perché un fornitore faccia pagare lo stesso prodotto di più o di meno rispetto ad un altro potrebbe essere un aspetto utile durante la ricerca.

E ancora il costo della spedizione. Al di là del fatto che costi di spedizione più bassi non significa per forza dire una qualità più bassa, essi possono anche spingere un possibile cliente a scegliere il nostro prodotto invece di quello della concorrenza.

La velocità è sicuramente un fattore determinante nella scelta. Questo ci aiuterà moltissimo nel momento in cui il cliente dovrà sceglierci. Una volta scelti i nostri paesi target, dobbiamo assicurarci che il fornitore che scegliamo sia disponibile a fare quelle determinate spedizioni, e a prezzi che comunque siano convenienti.

Alcune caratteristiche comunque devono essere indispensabili nella scelta del fornitore:

- deve fornire la possibilità di tracciare le consegne

- deve avere una politica trasparente

- deve accettare diversi metodi di pagamento

- deve utilizzare corrieri conosciuti e di cui ci si può fidare.

Senza questi aspetti fondamentali, è il caso di

rivalutare la possibilità di affidarsi a quel fornitore. La correttezza è al centro del rapporto, e deve rimanere sempre tale.

Il dropshipper compra all'ingrosso al fornitore e lo rivende al cliente nel mercato online ad un prezzo al dettaglio. Siccome il cliente acquista un prodotto direttamente dal nostro negozio dropshipping, il punto di prezzo ci permette di mantenere un margine di profitto adeguato per vendita.

Un dropshipper più esperto può adottare una strategia di rebranding dove il prodotto è confezionato usando i loro disegni e logo. Questa è una strategia per guadagnare terreno sul mercato affinché i clienti riescono a identificare il nostro

brand.

Altre persone alle prime armi che sono pronti a imparare come avviare un'attività di dropshipping tendono a sondare quanto sia redditizio poter gestire questo modello di business e-commerce.

Sebbene non sia assolutamente necessario sostenere alcun costo di spedizione o di produzione, i margini di profitto dipendono tutti dalla frequenza che i clienti hanno nell'acquistare.

Dobbiamo impegnarci molto sulla visibilità del nostro negozio online e rafforzare la fiducia dei clienti nella nostra attività di e-commerce.

Per avviare un'attività di Dropshipping ci sono alcune fasi fondamentali da dover seguire.

Vediamo insieme quali.

La prima è trovare una nicchia per scegliere la migliore idea di business dropshipping.

Il mercato è enorme e possiamo facilmente perderci in prodotti e servizi altamente saturi e per questo poco venduti. È necessario effettuare una ricerca adeguata e consona per evitare di rimanere in un certo qual senso bloccati nella fase che riguarda la conoscenza del prodotto o dei servizi per così tanto tempo.

Nel migliore dei casi, il modello di business in dropshipping funzionerà perfettamente con prodotti di nicchia rispetto agli articoli standardizzati.

Il nostro obiettivo dovrebbe concentrarsi sulla vendita di un prodotto a una base di clienti specifica. Esistono strumenti che ci aiutano ad identificare un mercato non sfruttato con un notevole potenziale di crescita.

Ad esempio, lo strumento per le parole chiave di Amazon composto da quattro metriche ben collegate, ovvero, volume di ricerca, tendenza, CPC e concorrenza.

Ogni KPI cerca di migliorare la SEO di Amazon e possiamo scrivere descrizioni di prodotti ingegnose che aiutino i clienti a scoprire i nostri prodotti abbastanza velocemente. La sua funzione di completamento automatico ci fornisce suggerimenti di parole chiave dal database di elenchi di parole chiave di Amazon.

Qualora avessimo intenzione di iniziare il dropshipping con Amazon, questo strumento ci aiuterà a trovare i prodotti che i clienti desiderano acquistare.

Occorre fare l'ottimizzazione delle parole chiave per aiutare gli acquirenti a trovare facilmente i nostri prodotti su Amazon.

Altro strumento è il Google Trends che può aiutarci anche a fare brainstorming su prodotti stagionali e popolari in diverse regioni.

In parole povere, Google Trends ci consente di analizzare tutti i fattori di concorrenza necessari che sono difficili da sfatare.

Sebbene solitamente non sia l'unico strumento necessario a valutare il livello di ricerca di un prodotto sul mercato, è comunque un utile ed adeguato strumento di analisi che aiuterà a trovare una nicchia in costante crescita.

Accanto agli strumenti appena citati, c'è Ubersuggest che offre gli stessi vantaggi per aiutarci a ottenere un vantaggio sui nostri concorrenti. Possiamo classificare le nostre idee di business in dropshipping in base a ciò che le persone cercano sul motore di ricerca.

Per assicurarci che i nostri prodotti in dropshipping abbiano un grande potenziale per generare vendite, consigliamo di convalidare il volume di ricerca attraverso la ricerca per parole chiave. Ed è esattamente quello che Ubersuggest è progettato per aiutarci a trovare una nicchia redditizia.

Il fattore di avviare un'attività di dropshipping è che non siamo limitati al solo lato tecnico della caccia di nicchia.

Come dropshipper, il nostro obiettivo principale è quello di realizzare un guadagno su ogni transazione di vendita. È abbastanza evidente. Ma non tutte le nicchie di riferimento sono redditizie. Una soluzione ottimale allora è imparare dai fiorenti negozi dropshipping.

Varrebbe la pena risolvere i punti imperfetti dei clienti e risolvere un problema dei consumatori sul mercato. In questo modo, sfuggiremo a prodotti di nicchia saturi e contrasteremo la concorrenza.

La seconda fase è condurre un'analisi della concorrenza.

Ci sono fattori che riguardano i dropshipping di successo. E la battaglia per superare la concorrenza non può essere vinta durante la notte.

Nel tentativo di effettuare un quadro completo della concorrenza, dobbiamo trovare le risposte ad alcune di queste domande:

Dove vendono i nostri concorrenti i loro prodotti dropshipping?

In che misura la nostra concorrenza diretta dropshipping sul mercato?

Quali e quanti sono i propri punti di forza e di debolezza?

I siti internet dei nostri concorrenti e l'esperienza complessiva e totalitaria dei clienti sono abbastanza solidi e radicati?

Qual è la loro posizione a livello di marketing e di prezzi?

Bene, sembra troppo duro lavoro, ma la prospettiva confortante è che ci sono molti trucchi provati per aiutarci ad affrontare la competizione.

Il primo passo è quello di iscriversi a Parola chiave Google Planneaccount.

Sebbene questo strumento sia ampiamente usato per tutte le campagne SEO e pubblicitarie, è ancora un canale di riferimento elevato per la ricerca di parole chiave.

Con diversi ed adeguati approfondimenti su ciò che i clienti stanno cercando sul motore di ricerca, saremo in grado di analizzare e valutare la concorrenza e le entrate potenziali che il nostro dropshipping può generare.

Come dropshipper, si è in grado di dare un'occhiata ai suggerimenti di parole chiave a coda lunga prima che i nostri concorrenti riescano a trovarli.

Per riordinare i dati da diverse posizioni, possiamo provare altri strumenti come SEMRush, Ahrefs or Moz per monitorare tutte le debolezze in un settore di riferimento. Un dropshipper di successo è una persona che è fiduciosa e esperta nei dati demografici dei clienti.

Si ha anche bisogno di una strategia di marketing perfetta per le immagini che va ben oltre quella dei nostri concorrenti. Per questo motivo, è necessario tenere in mente questi strumenti.

Inoltre il negozio di e-commerce del nostro

concorrente è un terreno di caccia utile per tutti i pezzi di cui abbiamo bisogno durante l'avvio di un'attività produttiva di dropshipping.

È importante iscriversi alle newsletter dei nostri concorrenti e agli account sui social media per scoprire come interagiscono con i loro clienti. Se il nostro concorrente dropshipping gestisce un blog, possiamo visionare le sue strategie di ottimizzazione dell'invito e di conversione.

Scegliamo un articolo dalla pagina del prodotto del nostro concorrente, ma non visionare. Osserviamo come gestiscono l'abbandono del carrello. Monitoriamo l'efficacia delle loro e-mail di recupero e del retargeting degli annunci.

Monitoriamo tutte le opzioni di evasione degli ordini. Questo ci permetterà di avere una buona comprensione di come gestire il processo di spedizione nella nostra attività di dropshipping.

Esaminiamo tutti i commenti e le recensioni scritte dagli utenti dai clienti della concorrenza su determinati aspetti quali la qualità del prodotto, la consegna e il coinvolgimento dei clienti.

Alla fine, questo dovrebbe darci un'idea di come migliorare la relazione con potenziali acquirenti.

Guardiamo la struttura dei prezzi dei nostri concorrenti. Il nostro modello di business dovrebbe tener conto di quanto il mercato target sia disposto a pagare.

Per battere la concorrenza, è possibile emettere incentivi come programmi fedeltà, buoni regalo e omaggi per ripetere i clienti. Ancora una volta, facciamo un uso perfetto degli strumenti SEO per spiare le parole chiave pertinenti per i nostri concorrenti.

Mentre siamo sull'argomento, dobbiamo scegliere un piattaforma di e-commerce che abbia al suo interno funzionalità SEO. Durante la creazione di particolari contenuti per la propria attività, è necessario trovare quello che funziona meglio per quanto riguarda le condivisioni social.

Un esempio è BuzzSumo, uno strumento di marketing per i dropshipper che abbiano il desiderio di verificare i contenuti più performanti della concorrenza in modo che possano migliorare il livello su cosa poter pubblicare sui proprio blog.

Per i marchi appena citati sui social media, Social Mention potrebbe essere un fantastico strumento di analisi della concorrenza per iniziare mentre lanciamo il nostro commercio di dropshipping.

Il monitoraggio e la valutazione dei social media è un modo per scoprire in quale modo i concorrenti posizionano il proprio marchio per interagire con il proprio pubblico di destinazione in modo efficace. In questo modo, possiamo confrontare il nostro posizionamento di marketing con quello dei nostri concorrenti.

La terza fase consiste nel trovare i fornitori di dropshipping giusti.

Questa è la parte più divertente per i principianti pronti ad imparare come avviare un'attività di dropshipping.

Anche se, trovare il fornitore giusto per il nostro negozio dropshipping non è a fortuna. È necessario eseguire un preciso controllo dei precedenti su tutte le variazioni tra tutti i fornitori che vendono il nostro prodotto di nicchia o di riferimento.

La reputazione che possiede un fornitore sul mercato costruirà o distruggerà la nostra attività di commercio in dropshipping. In particolar modo, l'esperienza e la qualità del prodotto sono due fattori principali da dover considerare prima di affidarsi ad un fornitore specifico.

Quindi, potrebbe servire ordinare campioni e testare la velocità di spedizione e il tipo di materiali usati su un prodotto. Se volessimo avviare un'attività di dropshipping, abbiamo la necessità di foto di prodotti di alta qualità, descrizioni dei prodotti basate sulla SEO e su una politica di restituzione efficace.

È necessario ricordare che il modello di business dipende dalla capacità del fornitore di mantenere un tasso di evasione degli ordini riuscito.

Poi passiamo a definire il nostro marchio.

Segnare la nostra attività di dropshipping non significa solo avere un logo e un nome solo nel nostro negozio di e-commerce.

I nostri sforzi di branding dovrebbero essere percepiti in tutti gli angoli della gestione della nostra attività di dropshipping, incluse le campagne e-mail e le pagine a pagamento.

Un marchio è un KPI così forte e un fattore di differenziazione basilare con un grande disponibilità di attivare di trigger che aumentano il tasso di acquisto ripetuto e la fiducia complessiva dei clienti nel nostro negozio dropshipping.

Per prendere e gestire questa parte del business possiamo fornire alcuni suggerimenti:

- Scegliere un nome univoco, se non si riesce a pensare a qualcosa di ineguagliabile, possiamo scegliere di cercare indizi usando generatori di nomi automatici per aiutarci a trovare un nome per il nostro modello di business e-commerce. Uno degli strumenti in tal senso che possiamo usare è Shopifygeneratore. Si ha la necessità di trovare un nome accattivante per rendere la nostra attività più professionale prima dei nostri potenziali clienti

- Crea un logo, possiamo usare strumenti come canva, TailorBrands or Hatchful per progettare un logo personalizzato per il nostro negozio dropshipping. Se nessuna di queste opzioni sembra convincente, potremmo passare direttamente ai mercati freelance come Fiverr or Upwork per ordinare un logo personalizzato.

- Personalizziamo l'esperienza del cliente, quindi, l'identità del marchio del nostro negozio dropshipping dovrebbe mirare a stabilire una proposta di vendita unica per il nostro target demografico, dovrebbe includere un programma di fidelizzazione del cliente. Qualora avessimo un sistema di premi nella nostra attività di dropshipping, sarebbe più probabile che i clienti identificheranno e interagiranno con il nostro marchio più spesso. Dovremo anche monitorare il rendimento del nostro marchio sul Web e sulle piattaforme dei social media

- Concentriamoci sulla storia del marchio, infatti, insieme alla nostra pagina di contatto, i clienti vogliono anche vedere una sezione FAQ descrittiva. Per i prodotti sul consumatore, il logo del dropshipper deve includere un'efficace piattaforma volta al supporto che attraversi quel cammino specifico per aumentare il tasso di soddisfazione dei clienti.

La quinta fase consiste nel costruire il nostro negozio di dropshipping e account venditore.

Non è necessario copiare il negozio dropshipping del nostro concorrente. Le nostre esigenze potrebbero essere completamente diverse.

Alla fine, ci sono così tante opzioni con le quali poter lavorare. E non abbiamo bisogno di competenze di sviluppo web per avviare il nostro negozio dropshipping.

Possiamo scegliere di vendere usando un marketplace online o un insieme di negozi di e-commerce di terze parti. Entrambi i modi hanno permesso di funzionare in modo davvero lineare anche per la categoria di quelle persone alle prime armi principianti che cercano di avviare un'attività di dropshipping da zero.

La vendita di prodotti attraverso i mercati online sono piattaforme basate sul risparmio di manodopera e orientate all'utente che i nuovi dropshipper possono usare per elencare i loro prodotti di riferimento.

I prodotti in dropshipping su Amazon, Etsy o eBay sono una strategia da poter adottare per massimizzare i profitti perché possiamo raggiungere una base di clienti più ampia, la maggior parte degli acquirenti ha una fiducia in questi mercati online, la barriera all'ingresso è di fascia bassa.

Potremmo rimanere bloccati su un traffico Web già stabilito. I potenziali clienti hanno maggiori probabilità di ritrovarsi prima e non dobbiamo preoccuparci così tanto nè di SEO nè di marketing.

Al contrario, questi sono alcuni aspetti negativi con i quali potremmo dover andare per forza d'accordo:

- Un mercato come Amazon addebita commissioni per ogni transazione di vendita. Per i dropshipper di eBay, dovremo separarci da una quota di iscrizione alquanto impegnativa. Tali costi operativi tendono a muovere in un'altra direzione i margini di guadagno previsti

- Il coinvolgimento dei clienti non è a lungo termine. Dovremo affrontare notevoli vincoli ogni volta che vogliamo commercializzare il nostro marchio e avere clienti abituali

Ovviamente, come ben sappiamo, Amazon è la piattaforma di commercio elettronico più solida per tutti i tipi di elenchi di prodotti. Probabilmente, il dropshipping su Amazon usa la stessa tecnica della catena di approvvigionamento di quella di altri negozi di e-commerce.

Per avviare un'attività di dropshipping qui, dobbiamo prima accedere a Amazon Seller Central pagina e completare la procedura di registrazione ufficiale. Inoltre, possiamo stimare quanto costi iniziare il dropshipping su Amazon.

Amazon include una politica di dropshipping ben espressa. Bisogna comprendere i dettagli di ciò che può essere accettato o può essere negato.

Con l'avvento di Amazon SEO, grazie al suo complicato algoritmo, siamo in grado di aumentare notevolmente la classifica dei nostri prodotti. L'inizio dell'attività di dropshipping su Amazon richiede di superare altri venditori usando parole chiave che corrispondono alle query di ricerca dei potenziali acquirenti.

Una volta verificato il nostro account venditore Amazon, lo strumento per le parole chiave SEO dovrebbe essere il nostro prossimo punto di controllo.

Amazon FBA e Amazon Dropshipping sono entrambi i metodi hanno un immenso potenziale per aiutarci a ottenere grandi profitti dalle vendite.

Con dropshipping, possiamo facilitare la parte di rettifica aggiungendo tutti i costi legati al prezzo di vendita. Oltretutto, non dobbiamo preoccuparci di impegni di inventario.

Per ampliare i punti di prezzo, dropshipping ci dà ulteriore spazio per negoziare prezzi all'ingrosso da fornitori su mezzi come Alibaba o AliExpress.

Amazon FBA d'altra parte, viene fornito con le spese di deposito e di adempimento.

Il metodo FBA permette al venditore online di inviare i propri prodotti al magazzino di Amazon. Ogni volta che il cliente acquista il nostro prodotto, Amazon gestisce i prelievi, i pacchi e spedisce l'ordine per conto nostro.

Altri servizi di evasione ordini comprendono il tracciamento degli ordini, i resi e i rimborsi. In base al tipo di prodotto che desideriamo vendere su Amazon, è necessario chiarire subito i costi di spedizione e l'imposta sulle vendite durante il checkout.

Chiaramente, bisogna promuovere la nostra scheda di prodotto. Metodi usati per indirizzare il traffico, creare lead e spingere conversioni includono blog, marketing di affiliazione, pubblicità pay-per-click Amazon, email marketing e campagne di social media.

Il dropshipping con Amazon è legale solo quando il commerciante non è in grado di possedere azioni, ma i prodotti portano ugualmente il suo marchio. Amazon impedisce ad ogni dropshipper di vendere articoli usando le informazioni sull'imballaggio della terza parte.

Qualora volessimo imparare come avviare

un'attività di dropshipping senza scrivere una singola riga di codice, la vendita attraverso canali di e-commerce di terze parti sarebbe alquanto perfetta, soprattutto per la categoria delle persone principianti.

La maggior parte delle storie che hanno avuto successo di dropshipping si sono concentrate sui costruttori di negozi di e-commerce per i seguenti motivi:

- Come dropshipper, abbiamo il controllo illimitato sul marchio del nostro e-commerce, sul layout del negozio e sulle opzioni di marketing

- Non affrontiamo direttamente la concorrenza, a differenza di mercati come Amazon o Etsy. Invece, possiamo avviare la nostra attività di dropshipping a un livello più semplice e non ripetuto usando un canale di vendita di terze parti

- Possiamo ottenere margini di profitto più elevati poiché le commissioni sono significativamente basse

- È molto più facile diffondere il nostro prodotto di riferimento su un costruttore di negozi di e-commerce di terze parti

Per avviare un'attività di dropshipping su un canale di e-commerce di terze parti, le fasi da seguire sono:

- Scegliere il nostro costruttore di negozi preferibile, registrarci per un software basato su un abbonamento che soddisfi le nostre esigenze di dropshipping. Oltre al canone mensile, dovremo esaminare altre funzionalità come la facilità di uso, la capacità di elaborazione dei pagamenti integrata, design mobile-responsive, opzioni di spedizione, gestione delle scorte, verifica gli standard di sicurezza, strumenti di segnalazione

- Flessibilità per ridimensionare il nostro business dropshipping, in questo senso, la nostra scelta migliore sarà Shopify, di cui parleremo più avanti.

Per le piattaforme di e-commerce che non offrono una soluzione di hosting che sia integrata, potremmo acquistare un nome di dominio da società molto conosciute come Vai papà, Bluehost e Namecheap.

Per raggiungere le classifiche di Google di un alto livello, il nome di dominio del nostro negozio dropshipping dovrebbe includere parole chiave basate sulla SEO.

Il nome di dominio del nostro negozio deve essere breve, pertinente e coprire una parte significativa della personalità del nostro marchio.

Esiste un aspetto legale Nella gestione di un business dropshipping.

Se stiamo installando il nostro negozio negli

Stati Uniti o in Canada, dobbiamo rispettare le leggi sull'imposta sulle vendite. Quindi, è necessario un ID IVA. Per ottenerne uno, la nostra azienda dovrà essere strutturata sotto forma di società o impresa individuale.

Un numero EIN identifica la nostra entità aziendale. Ne abbiamo bisogno per le dichiarazioni dei redditi e ogni volta che dobbiamo procurarci prodotti da fornitori da mercati come SaleHoo.

La sesta fase consiste nel promuovere il nostro negozio online.

Lo scopo finale è di commercializzare il nostro negozio dropshipping e creare lead che generano più traffico per potenziali entrate nel corso del tempo.

Ovviamente, questo non è qualcosa di nuovo per la maggior parte dei principianti. Ma prima, bisogna identificare il nostro mercato di riferimento per evitare ogni tipo di errore. D'altra parte, non vogliamo spendere soldi per gli annunci in campagne solo per finire con un ritorno dell'investimento pari a zero.

Queste sono alcune delle migliori tecniche di marketing che permettono di aumentare le vendite e mantenere un'attività di dropshipping con successo.

La preoccupazione più grande per la maggior parte dei principianti è di spendere così tanto in pubblicità su Facebook, ma perdere potenziali ed eventuali segnali di conversione.

Eseguire della prima campagna pubblicitaria richiede di indirizzare i clienti in base ai propri interessi, dati demografici e comportamenti generali.

Questi aspetti ci aiutano a determinare se è molto probabile che la nostra base target acquisti dal nostro negozio dropshipping.

Per iniziare, dobbiamo impostare a Gestore di affari di Facebook account. Questo strumento gratuito ci permette di gestire i nostri account pubblicitari, i cataloghi dei prodotti e i pixel in un unico posto. Quindi è molto più facile generare lead e monitorare le loro prestazioni sotto questo punto di vista.

Con gli annunci di Facebook, possiamo condividere video coinvolgenti, dalle immagini alle immagini e indirizzare il pubblico giusto usando l'interfaccia del gestore della campagna.

L'algoritmo di Facebook continua a cambiare ogni tanto. Quindi, dobbiamo adeguarci con i tempi e imparare tutte le utili modifiche. Per ottimizzare i nostri annunci per una rete di pubblico migliore, dovremo connetterci a ID pixel di Facebook nel nostro negozio dropshipping.

Questo ci consente di migliorare i nostri risultati di marketing in base al target demografico. Possiamo anche usare l'ID per effettuare il monitoraggio delle conversioni, il retargeting degli annunci, eseguire il recupero dell'abbandono del carrello e calcolare il costo per clic.

Il content marketing è sicuramente una delle tecniche a basso budget per promuovere i nostri prodotti e introdurre fattori scatenanti in tutte le nostre strategie di lead generation.

Ciò ci permette di connetterci con i nostri clienti e aumentare la fedeltà al marchio del nostro negozio. I mezzi di condivisione che hanno avuto maggior successo per il content marketing sono blog e piattaforme social come newsletter via email, Facebook, Instagram o Twitter.

Con il content marketing, il dropshipper può condividere gli aggiornamenti dei prodotti grazie ai fogli FAQ, video e guide per tenere lo stesso livello con gli obiettivi di acquisizione dei clienti.

Mentre i clienti hanno bisogno di infografiche per visualizzare l'efficenza e l'efficacia del prodotto, un dropshipper dovrebbe migliorare le canalizzazioni di acquisto e concentrarsi sui flussi di lavoro.

E questo include anche una grande propensione per la SEO, un centro risorse molto dettagliato per i clienti e l'impostazione di indicatori chiave di prestazione nella strategia di marketing dei contenuti. Effettivamente, il dropshipper è in grado di convertire alla fine quel grande traffico in lead e vendite.

L'influencer marketing di Instagram ha aiutato tanti negozi dropshipping ad espandersi abbastanza rapidamente. Se stiamo cercando di considerare Instagram come un canale per promuovere i nostri prodotti, dovremo configurare e ottimizzare il nostro account aziendale.

La piattaforma social offre al dropshipper la possibilità di ampliare gli orizzonti del pubblico.

Un altro modo per commercializzare il nostro

prodotto di nicchia è costruire da zero la nostra base di clienti. Ma nel frattempo, scegliamo di lavorare con un influencer di Instagram che abbia un ampio seguito nella nostra nicchia.

Qualora avessimo un budget pubblicitario limitato, potremmo creare link di affiliazione per influenzatori e pagare una commissione per ogni conversione riuscita.

La creazione di un account Instagram Business è consigliata, dal momento che è possibile creare un pubblico organico e includere un collegamento rapido al nostro negozio dropshipping nella pagina bio.

Per impostare un canale di vendita Instagram, dobbiamo prima assicurarci di avere un negozio di Facebook collegato al nostro negozio dropshipping.

L'ottimizzazione dei motori di ricerca è la strategia definitiva per aumentare il traffico sul motore di ricerca.

Mentre così tanti dropshipper combattono con le logiche SEO dinamiche, rimane comunque la strategia di marketing con il potenziale per produrre il ritorno dell'investimento più alto rispetto ad altre opzioni.

Le migliori pratiche che sono già state messe alla prova includono la ricerca di parole chiave e il marketing dei contenuti. Strumenti come SEMRush, Strumento per le parole chiave di Amazon e Ahrefs dovrebbe aiutarci a rimanere allo stesso livello con le parole chiave di corrispondenza e-commerce da usare nelle descrizioni dei nostri prodotti o servizi.

Oltre agli annunci a pagamento, Google presenta risultati significativi una volta che gli acquirenti online digitano una query di ricerca.

Questo indica che la nostra strategia SEO dovrebbe mirare al primo posizionamento sul motore di ricerca. C'è un sacco di duro lavoro dietro che porta a far salire di livello il nostro approccio SEO piuttosto che eseguire semplicemente la ricerca della concorrenza.

Google Keyword Planner è uno dei migliori strumenti per l'analisi della concorrenza. Come dropshipper, possiamo usarlo per misurare l'intenzione dell'acquirente eseguendo stime sul volume di ricerca e sul costo per clic delle parole chiave del prodotto target.

Le recensioni rilasciate dagli utenti sono un buon modo per convalidare il dominio di un prodotto sul mercato. Prima che i nostri clienti premano il pulsante di pagamento, ci sono buone possibilità che leggano una recensione per valutare e capire il livello di valutazione dei precedenti clienti.

Un'altra cosa è decidere come pubblicare le recensioni sulle pagine dei prodotti del nostro negozio dropshipping in modo autentico e veritiero.

Se stiamo effettuando il dropshipping da AliExpress utilizzando Oberlo, possiamo usare un plug-in per importare recensioni e impostarle nel nostro negozio online attraverso file CSV.

La parte migliore è che possiamo anche aggiungere recensioni di foto. La maggior parte dei clienti è visivamente centrata, quindi, allineare le aspettative dei clienti è una tecnica di marketing così preziosa con un potenziale di approfondimento potenziale per le nostre vendite.

La settima fase consiste nell'ottimizzare il nostro negozio.

Se desideriamo avviare un'attività di dropshipping con magneti di vendita collegati, è necessario impostare alcune modifiche essenziali. Questi due puntatori laser dovrebbero essere nella nostra lista di controllo per l'ottimizzazione.

Se desideriamo avviare la nostra attività di dropshipping usando un canale di vendita di terze parti, non è necessario lavorare su alcun codice durante le integrazioni. Invece, quasi ogni front-end e back-end di integrazione API sono completamente automatizzati.

Abbiamo solo bisogno di eseguire pochi clic per connettere il nostro negozio a qualsiasi applicazione. Per i fornitori di dropshipping, ad esempio, possiamo integrare il nostro Shopify conservare con Oberlo e importare i prodotti nel nostro negozio.

Quindi assicurarci che le nostre opzioni di pagamento siano ben integrate. In caso contrario, potremmo dover affrontare problemi di abbandono del carrello.

Dobbiamo anche integrarci con le applicazioni progettate via email, canalizzazioni di conversione, gestione delle scorte, tracciabilità delle spedizioni, gestione delle relazioni con i clienti e marketing.

Google Analytics è lo strumento migliore per la valutazione del traffico. Se fatto bene, Google

Analytics può aiutarci ad ottenere le informazioni giuste per ottimizzare il nostro negozio dropshipping. Non è un segreto che Google sia una farm di dati con ricche infografiche alle quali aggrapparsi. Mentre gestiamo il nostro negozio dropshipping, vogliamo monitorare da dove proviene il nostro traffico, l'intero percorso di canalizzazione della conversione e quanto siano efficaci i nostri sforzi di marketing digitale.

Google Analytics ci offre tutti i puntatori alle prestazioni di cui abbiamo bisogno. Per avere la traccia di tutte le azioni in corso nel nostro negozio online, dovremo connetterlo con un ID Google Analytics.

Se disponiamo di altri strumenti per azioni come l'email marketing collegato al nostro negozio, GA genera rapporti che ci aiutano ad interpretare tutti i segnali dei visitatori nel nostro negozio di e-commerce.

Quindi, in conclusione, possiamo dire che

probabilmente avremo scelto un determinato modello dropshipping perché presenta una bassa barriera all'ingresso e non ha impegni di inventario. Il costo di avvio non è troppo eccessivo rispetto a quello di un negozio fisico classico.

Avviare un'attività di dropshipping è facile. Dobbiamo solo scegliere la nicchia di mercato giusta, una potente strategia di vendita e, soprattutto, il giusto canale di vendita.

Sia che volessimo avviare la nostra attività di dropshipping su un mercato sia che volessimo avviare la nostra attività di dropshipping su una piattaforma di e-commerce di terze parti, la nostra tecnica di vendita dovrebbe sempre concentrarsi sui punti deboli dei clienti.

CAPITOLO 5

La fiscalità

Non esistono delle regole specifiche per quanto riguarda il dropshipping in sé per se, quindi, bisogna fare riferimento alla disciplina che riguarda più in generale l'e-commerce nella sua totalità. La prima cosa da fare consisterà nell'aprire una partita IVA, che sia come singolo individuo che come società.

L'attività non può assolutamente essere considerata come prestazione occasionale, dal momento che la vendita online è sempre considerata come attività imprenditoriale, a prescindere dal volume delle vendite.

Bisognerà indicare il luogo dove viene svolta l'attività e soprattutto il codice. Il codice ATECO di riferimento è il 47.91.10, che corrisponde al commercio al dettaglio di prodotti via internet.

Come secondo punto, è necessaria l'iscrizione al Registro Imprese presso la Camera di Commercio della provincia competente.

Questa registrazione prevede una tassa di iscrizione annuale, il cui importo potrà variare in base alla provincia di riferimento. A questo punto, visto che l'e-commerce è considerata un'attività commerciale, ci si dovrà iscrivere alla gestione previdenziale INPS per quanto riguarda i commercianti.

Questa iscrizione comporta il versamento di contributi annuali corrispondenti a 4000 euro, che possono essere suddivisi in rate trimestrali, fino ad un totale di 15000 euro di reddito. Una volta superata questa soglia di reddito, bisognerà versare ulteriori contributi, con un'aliquota pari al 24%.

Poi bisogna presentare la SCIA in Comune.

La SCIA altro non è che una segnalazione

certificata di inizio attività, e bisogna presentarla in Comune, presso lo SUAP.

Questo comporta il pagamento di diversi diritti o bolli, ma si può presentare in modalità telematica. Non resta poi che scegliere il regime fiscale applicabile.

Di solito per un'attività appena aperta si usa il "Regime forfettario" introdotto dalla Legge n. 190/14, il cui vantaggio è una ridotta tassazione e una contribuzione utile, ma che non prevede la deduzione dei costi sostenuti.

Proprio per tal motivo, potrebbe non essere la scelta più giusta per quanto riguarda un'attività di dropshipping.

Potrebbe, invece, essere più conveniente usare un Regime Fiscale Ordinario, che prevede la deduzione dei costi e che quindi potrebbe comportare minori spese per noi. Per capire quale regime fiscale sia più conveniente esistono tantissimi programmi online, anche se si consiglia di rivolgersi ad un commercialista che possa dare informazioni più corrette e specifiche in materia, altrimenti si rischierebbe di fare grossi errori.

Con un commercialista di fiducia possiamo discutere della modalità di fatturazione, ammesso che questa funziona con le stesse modalità di un qualunque negozio di e-commerce, il fornitore dovrà emettere la fattura all'impresa di e-commerce, che la registra e a sua volta ne emette una per i clienti finali al momento dell'acquisto.

Qualora questa operazione venga svolta da residenti in stati diversi, potrà rientrare nelle cosiddette operazioni triangolari IVA, che prevedono l'interazione di tre operatori in stati diversi, con due diversi contratti di cessione e un unico movimento di beni.

Quindi, questo ragionamento vale solo per il dropshipping, in cui il prodotto non risiede in un magazzino intermedio, ma c'è un unico spostamento. Diversamente, le vendite on-line contano come vendite per corrispondenza, che non sono soggette ad emissione di uno scontrino, ma solo registrazione attraverso un apposito registro. Ovviamente, la fatturazione per quanto riguarda le operazioni triangolari è molto complicata, perciò, vi invitiamo a rivolgersi ad un commercialista per maggiori informazioni e soprattutto per evitare di incorrere in sanzioni.

CAPITOLO 6

Il Modello Shopify

Shopify è il più avanzato sistema di e-commerce che abbiamo, che consente di ideare il proprio negozio online in modo molto semplice ed efficace e di cominciare immediatamente a vendere online, anche con poche competenze tecniche.

Shopify è una piattaforma e-commerce che permette di creare, personalizzare e gestire il proprio negozio online.

È un software "SaaS", ovvero Software as a Service, quindi, fornisce tutte le infrastrutture informatiche dell'e-commerce e lo mantiene aggiornato e operativo sempre dietro il corrispettivo di un canone mensile e di un fee sulle vendite del negozio, che cambia in base al piano che viene adottato.

La creazione di uno specifico account e l'apertura di uno shop online è un procedimento abbastanza semplice ed intuitivo e consiste nel fornire i dati di base al sistema, a tutto il resto poi penserà Shopify.

Facile si, ma non dobbiamo pensare che questa facilità d'uso sia sinonimo di banalità del prodotto perché Shopify è uno strumento così tanto potente soprattutto per la gestione di quelle che sono le operazioni di vendita online.

Se per la messa della vendita online potrebbe anche bastare un weekend, i professionisti possono comunque aggiungere in un secondo momento funzionalità e sviluppare soluzioni personalizzate che meglio rispondono alle esigenze dello specifico business.

L'infrastruttura è gestita per intero da Shopify e non c'è bisogno di installazione di software in locale, né su server terzi, che richiedono poi operazioni che riguardano il settaggio e la manutenzione.

Dopo un primo periodo di fase gratuita, si deve attivare un account a pagamento, scegliendo tra i vari pacchetti disponibili.

Shopify non richiede l'installazione di un determinato software su un proprio server: basterà semplicemente creare un account e subito si potrà cominciare a configurare e a gestire il proprio negozio online.

Il processo di creazione dell'account è molto rapido e richiede pochi semplici passaggi, si è subito del tutto attivi ed operativi all'interno del software per poter gestire lo store online.

Una volta sistemate tutte le impostazioni di base, sarà possibile scegliere uno dei temi grafici proposti da Shopify che sarà successivamente personalizzabile, anche a livello di codice.

A questo punto, si potrà passare ad inserire dei

propri prodotti e organizzarli in diverse categorie, specificando tutte le informazioni che sono utili per i nostri clienti, aggiungendo foto, descrizioni, varianti, taglie e così via.

Sono molte le opzioni che abbiamo a disposizione per configurare il proprio punto vendita e centinaia le applicazioni rilasciate da terze parti per ampliare le caratteristiche del nostro e-commerce.

Una particolarità di Shopify è la possibilità di accedere alla piattaforma e gestire ordini ed inserimenti da qualsiasi dispositivo con la possibilità di collegarsi direttamente al pannello di amministrazione dal web, oppure usando l'applicazione per tablet e smartphone.

Quando si parla di una piattaforma SaaS, a differenza di una piattaforma software da scaricare ed installare su un server proprietario, si abbraccia un grande vantaggio: quello della sicurezza dei costi.

Non dovremo più preoccuparci di costose manutenzioni quando le cose non funzionano come dovrebbero, di aggiornamenti all'ultima versione per risolvere problemi di bug e problemi di sicurezza, di server che aumentano improvvisamente di prezzo per fronteggiare il traffico crescente nel nostro storie e così via. Tutto è incluso nel servizio, scalabile indipendentemente dai prodotti venduti o visitatori che si hanno e qualsiasi cosa è molto chiara e ben definita, sin da quando si decide di attivare il proprio e-commerce.

È possibile provare Shopify in modo gratuito per 14 giorni. Dopo di che, si potrà scegliere tra tre diversi piani di abbonamento mensile, diversi per numero di funzionalità e percentuale sulle vendite:

- Basic Shopify, a 29 dollari al mese: la scelta più economica, e di gran lunga la più sensata se abbiamo appena deciso di investire sul commercio online e non si è certi e sicuri del proprio successo personale. Possiede tutte le funzioni di base per poter vendere prodotti online, ed è contraddistinta da una commissione del 2% su ogni articolo venduto

- Shopify, a 79 dollari al mese: la versione più avanzata del Basic, un salto di qualità da avviare se la propria attività online è in fase di espansione ed evoluzione. Garantisce funzionalità aggiuntive come l'analisi frode, i buoni regalo e il recupero del carrello abbandonato, e conosce una diminuzione della commissione per articolo venduto all'1%

- Advanced Shopify, a 299 dollari al mese: l'opzione più avanzata di Shopify, da prendere in considerazione se le proprie vendite consentono un ampio margine di guadagno mensile. Questo piano è adatto alle grandi aziende, poiché consente di poter sfruttare di un calcolatore in modo automatico delle spese di spedizione per UPS e Fedex e la gestione di quindici account che lavorano insieme, inoltre, la commissione per ogni singolo prodotto scende allo 0,5%

Oltre a queste tre possibilità che abbiamo mensilmente, Shopify permette un certo risparmio a tutti coloro che intendono pagare da subito per un periodo di tempo che può andare da uno a tre anni, ottenendo così un generoso sconto sul lungo termine.

Esistono due versioni di Shopify:

- Shopify, che è disponibile nei pacchetti Basic, Shopify e Advanced

- Shopify Plus

Le due versioni si differenziano per:

- Il pricing perché uno a tariffa fissa mensile e una parte variabile, che dipende dal fatturato, l'altro, Shopify plus, calcola il suo prezzo sui volumi annuali di fatturato, con un minimale di 2000 dollari al mese

- Wholesale B2B, con Shopify Plus l'azienda mette a disposizione un secondo store wholesale per le vendite B2B

- l'Automation, vengono messi a disposizione alcuni automatismi di invio di email di marketing per le email transazionali; con Shopify Plus invece, si ha a disposizione FLOW, che si spinge molto oltre, permettendo l'integrazione con CRM come Salesforce o HubSpot e la gestione che sia automatizzata dei filtri e tag dei clienti, dando vita ad una piattaforma di sales automation

- Store singolo o multiplo, Shopify Plus mette a disposizione dieci store, ognuno con una propria valuta, lingua, grafica, e così via.

In comune tra le due rimane la facilità di uso e la sicurezza, ma le diverse versioni riescono ad abbracciare le diverse esigenze di business delle aziende. Shopify è più adatto per negozi e-commerce di piccole e medie dimensioni mentre Shopify Plus è progettato per i business di livello enterprise.

Shopify plus è una vera e propria bomba perché mischia la semplicità d'uso di Shopify con la possibilità di poter personalizzare i prodotti e le performance a cui permette di arrivare.

Con le differenti soluzioni appena presentate, a cui va aggiunto un Shopify Plus, per le grosse realtà aziendali che prevedono numeri consistenti fin dal primo giorno di vendita, Shopify è la piattaforma e-commerce che può andare bene proprio per tutti, dal piccolo negozio di vicinato che vuole provare a vendere i propri prodotti in un raggio territoriale più vasto, per arrivare alla grande azienda anche estera con prodotti famosi e stimati in tutto il mondo. La possibilità della soluzione e la possibilità di adattarsi ad ogni modello di business ne fanno veramente qualcosa di unico.

Ci sono molte altre piattaforme che cercano in questo senso, ma Shopify ha vinto su tutte per la sua semplicità, convenienza e perché consente, anche a chi si trovi alle prime armi e non abbia nessuna conoscenza informatica, di poter gestire un negozio online.

Quando si comincia ci sono già un sacco di funzioni attive e Shopify ci propone numerose altre applicazioni di terze parti per ampliare ed arricchire le potenzialità del nostro business di e-commerce.

I creatori di Shopify sono stati molto bravi ad ottimizzare la propria piattaforma per favorire al massimo l'interazione tra le persone e hanno lavorato parecchio sulla user experience, proprio per superare le difficoltà dei software di vecchia generazione che avevano bisogno di supporto tecnologico e di esperti più o meno continuamente.

Su shopify dobbiamo caricare i nostri prodotti con:

- una descrizione

- la quantità di ogni prodotto

- le possibili variabili

- una foto di buona qualità

- il costo relativo alle spedizioni

- attivare i sistemi di pagamento che vorremo accettare dai nostri clienti

- una pagina relativa alle condizioni di vendita;

- una pagina relativa alle regole sulla spedizione e la restituzione

- una pagina con la politica sulla privacy e dei cookie.

Per aggiungere i prodotti al nostro store, Shopify ci aiuta con una serie di guide molto complete sulle possibilità che abbiamo a disposizione per l'aggiunta e la gestione dei prodotti:

- Capire la struttura del prodotto

- Aggiungere prodotti al nostro store

- La gestione delle varianti

- La gestione delle immagini

- La gestione delle collezioni

- Le carte regalo

- Importazioni ed esportazioni

- Ricerca e filtri

- Gestire l'inventario

- Prodotti e servizi digitali

Quindi, pur essendo molto semplice ed intuitivo, rende le cose ancora più facili con delle comode guide volte ad aiutare proprio tutti, più o meno esperti, ad ottimizzare la gestione del prodotto.

A questo punto, se abbiamo sistemato il prodotto, i pagamenti e le spedizioni, siamo più o meno pronti a vendere sul web. Ed è proprio per questo che rende Shopify uno store unico: si comincia e si vende senza conoscere il mondo dell'e-commerce.

Man mano che lo conosceremo e diventeremo consci dei bisogni e delle possibilità, scatterà la possibilità di poter acquistare funzioni aggiuntive nel Shopify App Store e diventerà sempre più competitivo.

Inoltre, è una piattaforma pensata anche per i designer del web.

La parte più divertente della storia di Shopify è che inizialmente, quando sono partiti, si pubblicizzavano come una piattaforma per webdesigner che dava la possibilità di esplorare le infinite possibilità del design per la creazione di siti web. Hanno subito abbandonato quella strada per presentarsi e hanno preferito puntare tutto sulla semplicità d'uso. E questa è diventata la loro carta vincente.

La facilità di startup, insieme ad un'evoluzione pensata appositamente, hanno trasformato Shopify nella piattaforma e-commerce preferita quando si vuole essere presenti anche all'interno di altri marketplace, come Amazon.

Quando pensiamo ad un software di e-commerce, si cercano punti di pregio e difetti per poter decidere quello che fa al caso nostro e meglio si adatta al nostro progetto di business.

Ci sono una serie di vantaggi.

Il primo vantaggio di Shopify è l'impareggiabile semplicità del front-end: chiunque, anche coloro che non hanno esperienza e conoscenza non solo con le vendite online, ma con il web stesso, può riuscire a realizzare uno shop online basico e a gestirne le operatività.

Il secondo grande vantaggio è dato dalla questione che tutta la parte tecnica e il motore software che permette di far funzionare l'e-commerce sono gestite da Shopify; questo offre la possibilità al cliente di basarsi e dare priorità davvero solo sulla creazione e sulla personalizzazione del proprio negozio online e di non preoccuparsi né della struttura tecnologica né tanto meno della manutenzione e aggiornamento del sistema.

A differenza di altri siti di e-commerce, non richiede né installazione né download, e non ha bisogno dell'acquisto della piattaforma. Questo rende libero il proprietario dell'e-commerce dalla necessità di aggiornamenti, dai problemi di sicurezza, dalla necessità di incrociare le dita ogni qual volta che si voglia incrementare il sistema e aggiungere una nuova funzione. Questo è possibile grazie alla questione che ogni store viene messo sul sistema e sui server di Shopify, non viene scaricato e non si installa nulla, quindi non c'è nulla da mantenere. Si paga soltanto un canone.

Gli utenti hanno a disposizione diverse soluzioni, chiamate Applicazioni, rilasciate da Shopify stesso o da terze parti, gratuite e pagamento, per la personalizzazione di tutti quei dettagli grafici e delle funzionalità complementari o aggiuntive. Il rigido controllo sulle applicazioni di terze parti, ne garantisce un corretto funzionamento, un aggiornamento continuo e una garanzia sugli standard di qualità.

Tale punto vendita online offre la possibilità di poter accedere ad un mondo di applicazioni e nuove funzionalità per l'e-commerce che stiamo costruendo piano piano o che già abbiamo iniziato. Perché uno dei grandi pregi di una piattaforma di questo tipo è proprio la scalabilità, ovvero la possibilità di crescere con gli investimenti, avendo abbastanza tempo da dedicare allo store e alle funzionalità rilasciate dal proprio e-commerce. Intanto apriamo la nostra attività, cominciamo a vendere e portiamo a casa dei soldi.

Altre piattaforme software per gli store e-commerce sono "gratuite", ma facciamo attenzione, opensource non significa gratis e possono presentare dei svantaggi notevoli, perché nessuno è responsabile di eventuali bug bloccanti della nostra piattaforma e ci toccherà pagare per risolverli. E questo potrebbe diventare un limite nel momento in cui stiamo vendendo, incassando denaro quotidianamente e improvissamente tutto si blocca. Per questi motivi Shopify vale tutti i soldi che costa, poiché non soffre di tutti questi problemi.

Andiamo, invece, ai lati negativi, lo svantaggio principale, comune a tutti i software Saas, è dato dal fatto che il prodotto appare proprio così com'è: se alcune funzionalità o proprietà non sono disponibili, nemmeno con l'aiuto di applicazioni di terze parti, non c'è la possibilità di intervenire personalmente. Per questo motivo è possibile provare il programma in modo gratuito.

C'è da dire che la community è sempre molto attiva e diverse richieste di incrementazioni sono quasi sempre state accolte e incluse nel tempo.

Se non esistono particolari necessità di configurazioni altamente personalizzate, il prodotto così com'è è davvero un grande alleato per l'imprenditore: dimenticarsi di aver un software alle spalle, con le correlate problematiche tecniche da dover affrontare ogni qual volta che si aggiunge un servizio o si modifica qualcosa, è uno dei punti di forza assoluti di Shopify.

Shopify si potrebbe quasi definire come l'ultimo arrivato nel mondo delle piattaforme di e-commerce perché è nato soltanto nel 2006. Da allora di strada si è evoluto e lo sta facendo tutt'oggi, soprattutto oltre i confini del Nord America.

Magento è una piattaforma per e-commerce più famosa e più diffusa negli USA, mentre in Europa, Shopify deve vedersela con Prestashop.

Entrambe sono piattaforme OpenSource, scaricabili gratuitamente dagli utenti, e self-hosted cioè forniscono tanta libertà agli utenti di personalizzare e controllare, ma richiedono capacità tecniche elevate e una infrastruttura tecnologica non sempre alla portate di piccole aziende.

Shopify, Magento e Prestashop sono comunque tutte ottime soluzioni per avviare un progetto e-commerce: a costituire la differenza sarà il budget che si ha a disposizione, il desiderio e le capacità tecniche di tenere tutto sotto controllo.

I principali competitor di Shopify sono quindi:

- Magento un software self-hosted, cioè significa che dobbiamo fornirci di un server e gestire anche questo, mentre Shopify consiste in una piattaforma con accesso al sistema grazie ad un abbonamento e del tutto gestibile senza nessun altro servizio esterno, in totale autonomia. Magento ci permette di fare tutto quello che vogliamo sul nostro server. Ovviamente i costi sono in proporzione al tipo di intervento per personalizzare e alla quantità di tutti questi interventi. Non è così per Shopify, che proprio per la sua natura non permette di stravolgere il software nelle sue componenti essenziali. Permette però la personalizzazione grafica e la possibilità di sviluppare funzionalità attraverso plugin o applicazioni esterne. Tra i tanti contro di Magento c'è il fatto che è complesso e spesso costoso. La questione tecnologica comporta ad una continua attenzione rivolta al software e alla tecnologia supportata. Nel progetto con Magento, bisogna tenere in conto che sarà sempre una spesa da mettere a budget e controllare, dobbiamo fare i conti periodicamente con il fatto che abbiamo un software su un nostro server e che necessita di manutenzione

- Prestashop è un prodotto molto validi, ciò che cambia è la differente offerta che viene proposta ai potenziali clienti: Shopify è rivolto a tutti, PrestaShop è dedicato, invece, a chi già riesce a destreggiarsi con i linguaggi di programmazione e preferisce avere tutto sotto il proprio controllo. La piattaforma è gratuita e l'interfaccia si presenta anch'essa piuttosto intuitiva. La prima differenza tra i due e-commerce è la loro diversa natura. PrestaShop è un software che ha bisogno di un hosting esterno in cui essere installato, che significa maggiore libertà operativa, mentre Shopify è una piattaforma usabile da subito online inserendo semplicemente le nostre credenziali. Prestashop è una piattaforma in mano nostra, quindi possiamo fare ciò che vogliamo sul nostro store. Avendo il controllo del nostro software, possiamo intervenire sul codice del software. Con PrestaShop, si deve sempre prestare attenzione che i moduli e i template attivi sul proprio server siano compatibili con la nuova versione aggiornata. Nel caso di un aggiornamento con upgrade alla versione superiore, si consiglia di effettuarlo in una sorta di installazione di prova e poi, una volta verificato che tutto funzioni, passarla sul server/installazione di produzione

- Woocommerce

Come abbiamo detto, Shopify può abbondantemente semplificare la vita a coloro che si avvicinano per la prima volta alle vendite online, e a coloro che preferiscono investire nel marketing e nella promozione che nelle infrastrutture.

Shopify può essere utile a tantissime realtà aziendali diverse come i negozi e le piccole e medie aziende che intendono aprire un nuovo canale di vendita, le start-up che hanno la necessità di cominciare subito con i progetti e un budget iniziale limitato, le grandi aziende per gestire singoli progetti o insiemi di vendita online più complessi.

Insomma, si tratta di una grande realtà, consigliabile a tutti coloro che si accingono a buttarsi nel fantastico mondo del commercio online ed in particolar modo nel dropshipping.

www.ingramcontent.com/pod-product-compliance
Lightning Source LLC
Chambersburg PA
CBHW070435220526
45466CB00004B/1682